サラダチキン 鶏むね肉の 絶品おつまみ

検見﨑聡美

青春新書
PLAYBOOKS

Chicken

最近すっかり人気者になった「鶏むね肉」。

低脂肪で低カロリー、そのうえ高たんぱくなヘルシー食材として注目を集めていますね。お手頃価格であることも、人気の秘密でしょう。

鶏むね肉を使った「サラダチキン」もブームを超えて、私たちの生活に定着しています。

メイン料理はもちろん、もう一品ほしいときにも大活躍する鶏むね肉ですが、わたしのおすすめは、ズバリ「おつまみ」。

淡泊な味わいだからこそ、ビールにワイン、日本酒、ハイボール…どんなお酒も受け止める懐の深さが、鶏むね肉にはあるんです。

本書では、前半は「サラダチキン」を使ったおつまみを、後半は生の「鶏むね肉」を使ったおつまみを紹介しています。

ぜんぶ3行レシピです！ 混ぜるだけ、かけるだけ、和えるだけ、フライパンだけ…など、だれでも簡単に、ほろ酔いでも作れるレシピです！

ウチ呑みがもっと楽しく、もっとヘルシーになる「サラダチキン」と「鶏むね肉」の絶品おつまみを、ぜひお試しください！

「鶏むね肉」は、お酒好きの味方です！ 10

サラダチキンの絶品おつまみ

かけるだけ！のせるだけ！

スライスチキンのアボカドソース 14
オニオンスライスのせガーリックオイルがけ 16
ねぎ塩だれのせ 18
パクチーパン粉がけ 20
葉っぱ春巻き 22
にらあんかけ 24
スライスチキンのツナソース 26
ガスパチョチキン 28

和えるだけ！

チキンの薬味和え 30
辛子じょうゆ和え 32
明太子和え 34
チキンともずくの甘酢和え 36
チキンとマンゴーの白和え 38
チキンとパイナップルのわさびじょうゆ和え 40
たたききゅうりの白こしょう和え 42
チキンと豆もやしの山椒和え 44
チキンとキャベツのチリソース和え 46
ナッツ和え 48
カレークリームソース和え 50
タイ風チキンサラダ 52

チーズチキンディップ 54
チキンマリネ 56

混ぜるだけ！

トマトとチキンのディップサラダ 58
チョップドサラダ 60
ライタ風チキンサラダ 62
冷や汁風 64

トースターだけで！

ねぎみそ焼き 66
ラザニア風 68
マヨネーズグラタン 70
チーズ焼き 72

サラダチキンを手作りしましょう！

◎電子レンジで 74
◎フライパンで 76

変わりサラダチキンに挑戦！

▼みそ味のサラダチキン 80
▼しょうゆ味のサラダチキン 81
▼カレー味のサラダチキン 82
▼ハーブ風味のサラダチキン 83
▼中華風のサラダチキン 84

鶏むね肉の絶品おつまみ

レンチンだけで！

鶏ハムスパイシー 86
チキンとじゃがいものカレー炒め 88
鶏チップ 90
鶏しゃぶのパクチー和え 92
ゆずこしょう蒸し 94

フライパンだけで！

れんこんつくね 96
お好み焼き風 98
春巻きチーズ揚げ 100
鶏天 102
ミニトマト巻きチキンかつ 104
チキンとトマトのチリ煮込み 106
チキンのクリーム煮 108
鶏みそ 110
辛子酢ソテー 112
青椒鶏肉絲 114
鶏ジョン 116
タイ風バジル炒め 118
タイ風唐揚げ 120
チキンのペッパーステーキ 122
サルティンボッカ風 124

トースターだけで！

塩山椒の焼き鳥 126
チキンサテー 128
しらすとねぎのチーズ焼き 130

小鍋だけで！

鶏すき 132
鶏しゃぶ梅風味 134
アヒージョ 136
おろし煮 138
鶏がゆ卵のせ 140

「鶏むね肉」は、お酒好きの味方です！

低脂肪で低カロリー！

おつまみといえば、どうしても脂っぽいものになりがち。鶏むね肉ならその心配はありません。

呑みたいけれど、体型も気になる、そんな私たちにピッタリです。

たんぱく質が豊富！

牛肉や豚肉に比べて低脂肪なうえに、たんぱく質が豊富なのも、鶏むね肉のうれしいところ。

たんぱく質は、体のあらゆる組織を作るのに欠かせない栄養素。肌や筋肉、内臓だけでなく、髪や爪を作るのにも必要です。

サラダチキンの材料でもある「鶏むね肉」には、
お酒好きにとって、とてもありがたい、
さまざまな健康効果があります！

肝臓をいたわってくれる！

お酒好きが気になることといえば、肝臓の健康でしょう。鶏むね肉には、弱った肝臓を助ける「BCAA」という必須アミノ酸が多く含まれています。二日酔い対策にも、効果が期待できます。

アルコールの分解を助ける！

鶏むね肉には、ビタミンBの一種「ナイアシン」が多く含まれています。

ナイアシンには、皮膚や粘膜を保護する作用があるほか、アルコールを分解するときに働く酵素を助ける働きがあるのです。

疲労回復に効く！

鶏むね肉に多く含まれる栄養素で、最近特に注目されているのが「イミダペプチド」。イミダペプチドは、疲労回復効果・疲労予防効果があるアミノ酸です。お酒を呑みながら、疲労も解消できるなんて、サイコーですね！

本書の決めごと

◎1カップは200mℓ、大さじ1は15mℓ、小さじ1は5mℓです。
◎電子レンジは600Wを使用しています。

サラダチキンの絶品おつまみ

大人気のサラダチキンを
ちょこっとアレンジするだけで、
酒呑み心をくすぐるおつまみに大変身！
市販のサラダチキンでも、
自家製のサラダチキンでも作れます。

超簡単！
「自家製のサラダチキン」の作り方は74ページに！

サラダチキンの絶品おつまみ

かけるだけ！のせるだけ！

［作り方］

1. サラダチキンは7㎜厚さに切る。
2. アボカドは皮から実を取り出し、フォークでつぶしてAを混ぜ合わせる。
3. 1のサラダチキンと2のアボカドソースを皿に盛りつけ、粗びき白こしょうをふる。

スライスチキンの アボカドソース

ワインがすすむ、ヘルシー食材の名コンビ！

［材料］

サラダチキン……100g
アボカド……1/2コ
粗びき白こしょう……少々

A
- レモン汁……小さじ2
- オリーブ油……小さじ1
- 塩……少々
- チリペッパー……少々

オニオンスライスのせガーリックオイルがけ

熱したオイルをジュとかけて、香ばしさとうま味をプラス

材料

サラダチキン……100g
玉ねぎ……1／4コ
にんにくのみじん切り……小さじ1
オリーブ油……大さじ2
しらす干し……10g
塩……少々

作り方

1. サラダチキンはできるだけ薄く切る。玉ねぎはできるだけ薄く切り、冷水に5分さらしてパリッとさせ、水気をきる。
2. サラダチキンを盛りつけ、玉ねぎをのせる。
3. フライパンにオリーブ油、にんにくのみじん切りを入れて弱火にかける。にんにくがこんがり色づいたら、しらす干しを加え、さっと炒めて塩をふり、油ごと2にかける。

ねぎ塩だれのせ

ねぎとごま油の力で、サラダチキンが極上のつまみに変身！

材料

サラダチキン……100g
長ねぎ……20㎝
塩……小さじ1／4
ごま油……小さじ1
万能ねぎ……適宜

作り方

1. 長ねぎは粗みじん切りにする。
2. ボウルに1の長ねぎ、塩、ごま油を混ぜ合わせ、しんなりするまでおく。
3. サラダチキンを盛りつけ、2のねぎ塩だれをのせる。好みで万能ねぎを添える。

パクチーパン粉がけ

パクチー風味のカリカリパン粉で、食感も香りも楽しめる

材料

サラダチキン……100g
パン粉……大さじ2
白ワイン……小さじ1
オリーブ油……大さじ1
好みのナッツ……20g
パクチーの茎のみじん切り……大さじ1
塩……少々

作り方

1. サラダチキンは1・5〜2㎝角に切る。ナッツはみじん切りにする。
2. パン粉に白ワインを混ぜ合わせ、生パン粉状にする。オリーブ油を中火で熱したフライパンに入れ、こんがり色づくまで炒め、ナッツ、パクチーを加えて塩をふる。
3. サラダチキンを盛りつけ、2のパクチーパン粉をかける。

葉っぱ春巻き

野菜もモリモリ食べられる、生春巻き風おつまみ

材料

サラダチキン……100g
リーフレタス……6枚
赤パプリカの細切り……6本
万能ねぎ……6本
しょうがの細切り……1かけ分

A
- ナンプラー……大さじ1
- ライム汁……大さじ1
- 砂糖……大さじ1／2
- 刻み唐辛子……少々

作り方

1. サラダチキンは食べやすくさいて、6等分する。万能ねぎは根元のほうを7～8㎝長さに切る。
2. リーフレタスを広げ、サラダチキン、赤パプリカ、万能ねぎの根元側、しょうがの細切りをのせて巻き、万能ねぎの残りの部分でしばってとめる。
3. Aを合わせてたれを作り、2に添える。

にらあんかけ

にらたっぷりのあんがからまって、箸もお酒も止まらない

材料

サラダチキン……100g
にら……1／3束
塩……少々
こしょう……少々
砂糖……少々
水溶き片栗粉……少々

［A］
チキンブイヨン(固形)……1／2コ
湯……3／4カップ

作り方

1. サラダチキンは1㎝角に切る。にらは細かい小口切りにする。
2. 小鍋にAを合わせて中火にかけ、煮立ったら塩、こしょう、砂糖で味をととのえる。にらを加えてひと煮し、水溶き片栗粉でとろみをつける。
3. サラダチキンを盛りつけ、2のにらあんをかける。

スライスチキンのツナソース

鶏肉にまぐろで、よ〜く考えたら贅沢なおつまみ

材料

サラダチキン……100g
ツナ缶(小)……1/2缶
白ワイン……大さじ1
マヨネーズ……大さじ1
こしょう……少々
タイム(パウダー)……少々
タイム(生)……適宜

作り方

1. サラダチキンは1cm厚さに切る。
2. ツナはオイルごとボウルに入れ、フォークなどで滑らかになるまでつぶし、白ワイン、マヨネーズ、こしょう、タイム(パウダー)を加えてよく混ぜる。
3. 1のサラダチキンを盛りつけ、2をのせる。あればタイム(生)をあしらう。

ガスパチョチキン

スペインの冷製スープと、サラダチキンのコラボです

材料

サラダチキン……100g
トマトジュース（無塩）……1カップ
きゅうり……1／3本
ゆで卵……1コ
チリペッパー……少々

A
玉ねぎのすりおろし……大さじ1
塩……少々
チリペッパー……少々
レモン汁……大さじ2
オリーブ油……大さじ1

作り方

1. サラダチキンは細かくさく。きゅうりは皮をむいてすりおろす。
2. トマトジュースに1のきゅうりのすりおろし、Aを加えてよく混ぜ合わせ、冷蔵庫で冷やす。
3. 器に1のサラダチキンを盛りつけ、2のスープを注ぐ。ゆで卵をくずして散らし、チリペッパーをふる。

サラダチキンの絶品おつまみ

和えるだけ！

［作り方］

1. サラダチキンは太めにさく。ボウルにみそとみりんを合わせ、サラダチキンを和える。
2. みょうがは薄い小口切り、青じそは小さくちぎり、合わせて冷水に5分さらし、水気をしっかりときる。
3. 1のサラダチキンと2の薬味を和える。

チキンの薬味和え

辛口の冷酒と合わせたい、
粋な小鉢になりました

［材料］

サラダチキン……100ｇ
みそ……小さじ1
みりん……小さじ1/4
みょうが……２コ
青じそ……５枚

辛子じょうゆ和え

シンプルな味つけながら、やっぱりおいしい！

材料

サラダチキン……100g
しょうゆ……小さじ1／2
練り辛子……小さじ1
セロリ……適宜

作り方

1. サラダチキンはできるだけ薄く切る。
2. しょうゆと練り辛子を混ぜ合わせる。
3. 1のサラダチキンを2の辛子じょうゆで和え、盛りつける。あれば細切りのセロリを添える。

明太子和え

その名の通り、明太子と合わせるだけの超簡単レシピ

材料

サラダチキン……100g
辛子明太子……25g
ごま油……小さじ1

作り方

1. サラダチキンは細くさく。
2. 辛子明太子は薄皮を取り除いてボウルに入れ、ごま油と混ぜ合わせる。
3. 1のサラダチキンを2で和える。

チキンともずくの甘酢和え

サラダチキンは、酢の物だっていけるんです

材料

サラダチキン……100g
もずく……40g
おろししょうが……少々

A
酢……大さじ4
水……大さじ2
砂糖……大さじ1
みりん……大さじ1
塩……小さじ1／4

作り方

1. サラダチキンは細くさく。
2. 大きめのボウルにAの材料を混ぜ合わせ、もずくを入れてよくほぐし、1のサラダチキンを加えて和える。
3. 盛りつけて、おろししょうがをあしらう。

チキンとマンゴーの白和え

マンゴーの甘みと白和え衣が、不思議に好相性！

材料

サラダチキン……100g
冷凍マンゴー……50g
木綿豆腐……100g
ピーナツ……20g
みそ……小さじ1
砂糖……小さじ1

作り方

1. サラダチキンは1㎝角に切る。マンゴーは自然解凍し、1㎝角に切る。
2. ピーナツはすり鉢ですりつぶし、木綿豆腐、みそ、砂糖を加えてすり混ぜる。
3. 2の和え衣で、1のサラダチキンとマンゴーを和える。

チキンとパイナップルのわさびじょうゆ和え

騙されたと思ってぜひ試してほしい、この組み合わせ！

材料

サラダチキン……100g
パイナップル……75g
オリーブ油……小さじ1
しょうゆ……小さじ1
おろしわさび……小さじ1

作り方

1. サラダチキンは1・5～2㎝角に切る。パイナップルはサラダチキンと同じくらいの大きさに切る。
2. ボウルにサラダチキンとパイナップルを合わせ、オリーブ油をからめる。
3. しょうゆとわさびを混ぜ合わせ、2に加えて和える。

たたききゅうりの白こしょう和え

夏の定番おつまみになりそうな予感です

材料

サラダチキン……100g
きゅうり……1本
ごま油……小さじ1
塩……少々
粗びき白こしょう……少々

作り方

1. サラダチキンは太めにさく。
2. きゅうりは縞目に皮をむいて、すりこ木などで叩いて割れ目を入れ、ひと口大に割りほぐす。
3. 1のサラダチキンに2のきゅうりを合わせ、ごま油、塩、粗びき白こしょうを順に加えて和える。

チキンと豆もやしの山椒和え

シャキシャキもやしと合わせた和風のナムル

材料

サラダチキン……100g
豆もやし……100g
ごま油……小さじ1
塩……少々
粉山椒……少々

作り方

1. サラダチキンは7～8㎜角の細切りにする。
2. 豆もやしは根をつんでゆでる。
3. 1のサラダチキンと2の豆もやしを合わせ、ごま油、塩、粉山椒を順に加えて和える。

チキンとキャベツのチリソース和え

もりもり食べてゴクゴク呑みたい、ピリ辛チキンサラダ

材料

サラダチキン……100g
キャベツ……100g
万能ねぎの小口切り……少々

A
ケチャップ……大さじ1
レモン汁……大さじ1
豆板醤……小さじ1／2
おろしにんにく……少々
砂糖……小さじ1

作り方

1. サラダチキンは細かくさく。キャベツは5㎜幅の細切りにする。
2. ボウルにAの材料を混ぜ合わせる。
3. サラダチキンとキャベツを合わせ、2のチリソースで和える。盛りつけて、万能ねぎを散らす。

ナッツ和え

ねっとりコクのある和え衣で、小料理屋風のおつまみに

材料

- サラダチキン……100g
- 玉ねぎ……1／6コ
- 好みのナッツ……20g
- 塩……少々
- こしょう……少々
- オリーブ油……大さじ1

作り方

1. サラダチキンは食べやすい大きさにさく。玉ねぎはみじん切りにし、水に10分さらして水気をしぼる。
2. ナッツはすり鉢ですりつぶし、塩、こしょう、オリーブ油、玉ねぎを加えてよく混ぜる。
3. サラダチキンを2で和える。

カレークリームソース和え

まろやかなソースに、サラダチキンを和えながら食べる

材料

- サラダチキン……100g
- オクラ……1本
- 塩……少々
- こしょう……少々
- レモン汁……小さじ1／2

A
- 生クリーム……1／4カップ
- カレー粉……小さじ1／4
- チキンブイヨン（固形）……1／4コ
- おろしにんにく……少々

作り方

1. サラダチキンは1・5～2cm角に切る。
2. 小鍋にAを合わせて中火にかける。混ぜながら、とろりとするまで煮詰める。オクラを加えてひと煮し、塩、こしょう、レモン汁を加える。
3. 1のサラダチキンを盛りつけ、オクラを添えて、2のカレークリームソースをかける。

タイ風チキンサラダ

ビールや白ワインと楽しみたい、おつまみサラダ

材料

サラダチキン……100g
ベビーリーフ……20g
オリーブ油……大さじ1／2

A
- ナンプラー……大さじ1／2
- ライム汁……大さじ1
- 砂糖……小さじ1／2
- にんにくのみじん切り……小さじ1／4
- 刻み唐辛子……少々

作り方

1. サラダチキンは4㎜幅に切る。
2. 大きなボウルにベビーリーフを入れ、オリーブ油をからめる。
3. 2のボウルにサラダチキンを加え、混ぜ合わせたAを加えて和える。

サラダチキンの絶品おつまみ

混ぜるだけ！

［作り方］

1. サラダチキンはすり鉢ですりつぶす。
2. 玉ねぎはみじん切りにし、水に10分さらして水気をしぼる。
3. 1のサラダチキンにクリームチーズ、2の玉ねぎ、おろしにんにく、こしょう、クミン、塩を加えてよく混ぜる。パセリをふる。

チーズチキンディップ

バゲットを添えて、おもてなしにも大活躍！

［材料］

サラダチキン……100g
クリームチーズ……80g
玉ねぎ……1/8コ
おろしにんにく……少々
こしょう……少々
クミン（パウダー）……少々
塩……少々
パセリ（ドライ）……少々

サラダチキンの絶品おつまみ
混ぜるだけ！

チキンマリネ

白ワインはもちろん、日本酒やハイボールにも合いそう

材料

サラダチキン……100g
玉ねぎ……1／8コ
A
レモン汁……大さじ1
白ワイン……大さじ1
塩……少々
こしょう……少々
オリーブ油……大さじ2

作り方

1. サラダチキンは7㎜厚さに切る。玉ねぎは粗く刻む。
2. バットにサラダチキンを並べ、玉ねぎをのせる。
3. ボウルにAの材料を混ぜ合わせ、2にかける。20分おいてなじませる。

トマトとチキンのディップサラダ

ピリッと刺激がおいしいサルサ風

材料

サラダチキン……100g
トマト……中1コ
玉ねぎ……1／8コ
ピーマン……1／2コ
トマトペースト……大さじ1
オリーブ油……大さじ1／2
おろしにんにく……少々
チリペッパー……少々
塩……少々

作り方

1. サラダチキンは7～8㎜角に切る。
2. トマトは種を取って5㎜角に切る。玉ねぎ、ピーマンはみじん切りにする。
3. すべての材料を混ぜ合わせる。

チョップドサラダ

すべての具材を細かく切った、近ごろ人気のサラダです

材料

サラダチキン……100g
玉ねぎ……1／8コ
きゅうり……1／2本
セロリ……1／4本
赤パプリカ……1／6コ

A
酢……大さじ1
塩……小さじ1／4
こしょう……少々
オリーブ油……大さじ2

作り方

1. サラダチキンは1㎝角に切る。玉ねぎ、きゅうり、セロリ、赤パプリカは7～8㎜角に切る。
2. Aをよく混ぜ合わせ、ドレッシングを作る。
3. 1のサラダチキンと野菜を混ぜ合わせ、2のドレッシングで和える。

ライタ風チキンサラダ

ヨーグルトを使ったインド定番の野菜料理にチキンをプラス！

材料

サラダチキン……100g
ピーマン……1/2コ
ゴーヤー……50g
ヨーグルト(プレーン)……250g
レモン汁……大さじ2
水……大さじ2
塩……少々

作り方

1. サラダチキンは太めにさく。ピーマンはみじん切り、ゴーヤーは小さな薄切りにする。
2. ヨーグルトを滑らかになるまで混ぜ、レモン汁、水を加える。
3. 2に1のサラダチキン、ピーマン、ゴーヤーを加え、塩で味をととのえる。

冷や汁風

焼いた魚で作るのが定番の冷や汁を、サラダチキンで手軽に

材料

サラダチキン……100g
みそ……大さじ1
白すりごま……大さじ1
冷水……1カップ
きゅうり……1本

作り方

1. きゅうりは皮を縞目にむいて、薄い小口切りにする。
2. サラダチキンはすり鉢ですりつぶし、アルミホイルに薄くのばして、魚焼きグリルで5～6分、表面がこんがりするまで焼く。
3. 2のサラダチキンをボウルに移し、みそ、白すりごまを混ぜ合わせる。冷水を少しずつ加えて溶きのばし、1のきゅうりを加える。

サラダチキンの絶品おつまみ

トースターだけで！

ねぎみそ焼き

香ばしく焼けたねぎみそに、
お酒のペースが加速する！

［材料］

サラダチキン……100ｇ
長ねぎ……10㎝
万能ねぎの小口切り……少々
みそ……大さじ１
砂糖……小さじ１

［作り方］

1. 長ねぎはみじん切りにし、万能ねぎの小口切り、みそ、砂糖を加えてよく混ぜる。
2. サラダチキンに１のねぎみそをのせる。
3. ２をオーブントースターで、表面がこんがりするまで８～10分焼く。

ラザニア風

パスタの変わりにサラダチキンを使ったアイデアレシピ

材料

サラダチキン……100g
モッツァレラチーズ……50g
トマト……小1／2コ
ピザ用チーズ……20g
オリーブ油……少々

作り方

1. サラダチキンはできるだけ薄く切り、5等分にする。モッツァレラチーズは3㎜厚さに切る。トマトは種を取り除き、5㎜角に切る。
2. 耐熱容器の内側にオリーブ油をぬり、サラダチキン、トマト、サラダチキン、モッツァレラチーズ、サラダチキン、トマト、サラダチキン、モッツァレラチーズ、サラダチキン、ピザ用チーズの順に重ねる。
3. 2をオーブントースターで、チーズが溶けるまで7～8分焼く。

マヨネーズグラタン

マヨとアボカドでクリーミーに仕上げる、お手軽グラタン

材料

サラダチキン……100g
アボカド……1／2コ
レモン汁……小さじ1
トマト……小1コ
玉ねぎ……1／8コ
マヨネーズ……大さじ2
チリペッパー……少々

作り方

1. サラダチキンは1㎝角に切る。アボカドは皮から実を取り出して、1㎝角に切り、レモン汁をからめる。トマト、玉ねぎは1㎝角に切る。
2. ボウルにサラダチキン、アボカド、トマト、玉ねぎを合わせ、マヨネーズ、チリペッパーを加えて和える。
3. 2を耐熱容器に移し、オーブントースターで表面がこんがりするまで、8～10分焼く。

チーズ焼き

ブルーチーズにカマンベールチーズ…いろんなチーズで試したい

材料

サラダチキン……100g
好みのチーズ……20g
オリーブ油……小さじ1

作り方

1. チーズは薄く切る。
2. サラダチキンは耐熱容器に入れ、1のチーズをのせてオリーブ油をかける。
3. 2をオーブントースターで、チーズが溶けるまで焼く。

しっとりジューシーな

サラダチキンを手作りしましょう!

市販のサラダチキンは便利ですが、
手作りすれば、ひと味違います。
しかも、とっても簡単。
自家製サラダチキンに挑戦してみましょう!
電子レンジとフライパン、2通りの作り方を紹介します。

電子レンジで

材料

鶏むね肉……300g
塩……小さじ1/4
酒……大さじ1

1

保存容器に鶏むね肉を入れ、塩、酒をもみ込む。

2

保存容器にフタを斜めにのせて、電子レンジで３～４分加熱する。

3

フタをして、冷めるまでおく。
こうすることで、**しっとりジューシー**に仕上がる。

ここ大事！

完成！

フライパンで

材料

鶏むね肉……300g

塩……小さじ1/4

酒……大さじ1

熱湯……1/4カップ

1

フライパンに鶏むね肉を入れ、塩、酒をもみ込む。

2

熱湯を注ぐ。

3

フタをして中火にかけ、沸騰したら弱火にして、7～8分蒸しゆでにする。

4

火からおろし、フタをしたまま冷めるまでおく。
こうすることで、**しっとりジューシー**に仕上がる。

ここ大事！

完成！

変わりサラダチキンに挑戦！

サラダチキンを手作りすれば、
アレンジも自由自在。
そのままでおつまみになる
「変わりサラダチキン」を作ってみましょう！

みその味のサラダチキン

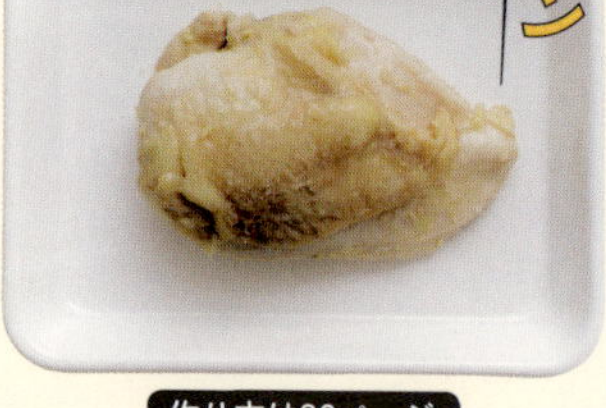

作り方は80ページ

しょうゆ味のサラダチキン

作り方は81ページ

カレー味のサラダチキン

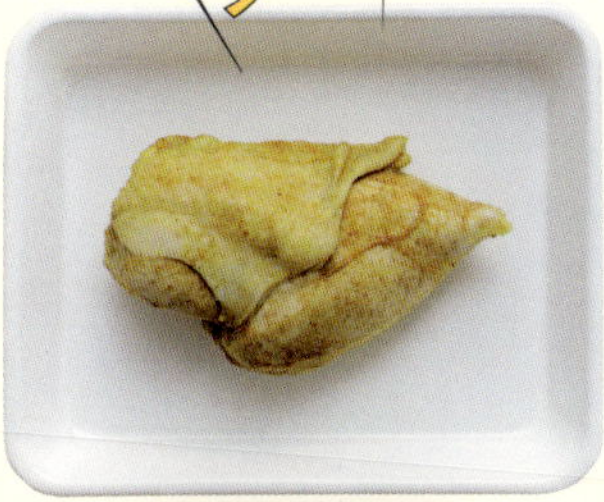

作り方は82ページ

ハーブ風味のサラダチキン

作り方は83ページ

中華風のサラダチキン

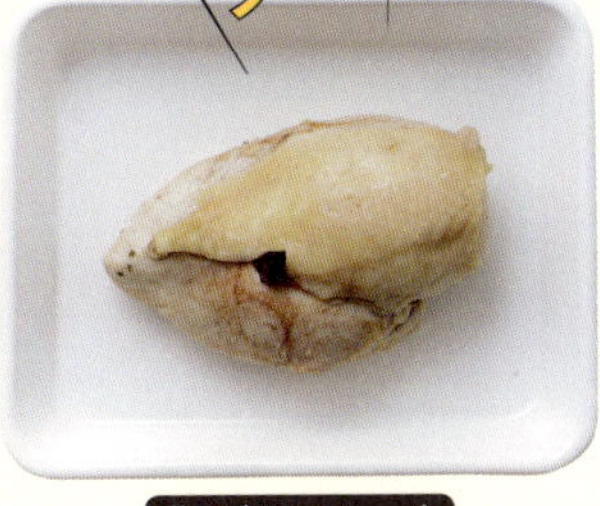

作り方は84ページ

みそ味の サラダチキン

［材料］

鶏むね肉……１枚（260〜270ｇ）

A

みそ…大さじ1/2 ／ 酒…小さじ１ ／ 砂糖…小さじ１

［作り方］

① 鶏むね肉に**A**をもみ込み、20分おく。

② 以降は、サラダチキンの作り方（P74〜77）と同様。

しょうゆ味のサラダチキン

［材料］

鶏むね肉……１枚（260～270ｇ）

A

しょうゆ…大さじ1/2 ／ みりん…小さじ１ ／
にんにく（つぶす）…1/2かけ

［作り方］

① 鶏むね肉にAをもみ込み、20分おく。

② 以降は、サラダチキンの作り方（P74～77）と同様。

カレー味の サラダチキン

［材料］

鶏むね肉……１枚（260～270ｇ）

A

塩…小さじ1/4 ／ カレー粉…小さじ1/4 ／
酒…大さじ１

［作り方］

① 鶏むね肉にAをもみ込む。

② 以降は、サラダチキンの作り方（P74～77）と同様。

ハーブ風味のサラダチキン

［材料］

鶏むね肉……１枚（260～270ｇ）

A

塩…小さじ1/4 ／ イタリアンハーブミックス（ドライ）…小さじ１ ／ 白ワイン…大さじ１

［作り方］

① 鶏むね肉に**A**をもみ込む。

② 以降は、サラダチキンの作り方（P74～77）と同様。

中華風の サラダチキン

［材料］

鶏むね肉……１枚（260〜270ｇ）

A

塩…小さじ1/4 ／ ごま油…小さじ1/4 ／
八角…１かけ ／ 酒…大さじ１

［作り方］

① 鶏むね肉にAをもみ込む。

② 以降は、サラダチキンの作り方（P74〜77）と同様。

鶏むね肉の絶品おつまみ

高たんぱく低カロリー、
しかもお手頃価格の鶏むね肉。
毎晩呑みたいお酒好きには、うれしい食材です。
でも、淡泊でパサパサ…？
そんなイメージをくつがえす
満足度100％のおつまみを集めました！

鶏むね肉の絶品おつまみ

レンチンだけで！

［作り方］

1. 鶏むね肉は身の厚い部分に包丁を入れて開き、肉叩きやめん棒などで叩いて全体を８㎜～１㎝の厚みにする。
2. 鶏肉に塩をもみ込みＡを散らし、端からのり巻きを作るように巻いていく。クッキングシートをしっかりと巻きつけて直径３～４㎝の円筒状に形を整え、両端をタコ糸でしばってとめる。冷蔵庫にひと晩おいて味をなじませる。
3. ２を冷蔵庫から取り出して室温に戻し、電子レンジで３分20秒加熱する。すぐにラップでピッタリと包み、そのまま冷ます。冷めたら、食べやすい大きさに切る。

鶏ハムスパイシー

見た目を裏切る刺激がたまらない！
こしょう多めがオススメです!!

［材料］

鶏むね肉……300g
塩……小さじ1/2

A
- マスタードシード……適量
- 白こしょう（粒）……適量
- 黒こしょう（粒）……適量
- ピンクペッパー（粒）……適量

チキンとじゃがいものカレー炒め

ビール、ハイボール、白ワイン…さて、何と合わせましょう？

材料

鶏むね肉（皮なし）……120g
じゃがいも……1コ（150g）
A
塩……少々
カレー粉……少々
オリーブ油……小さじ1

作り方

1. じゃがいもは電子レンジで3分30秒加熱し、粗熱がとれたら皮をむいてひと口大に切る。鶏むね肉は1.5〜2㎝角に切る。
2. 耐熱の保存容器に1の鶏肉とじゃがいも、Aを入れて混ぜ合わせ、フタを斜めにのせて電子レンジで1分50秒加熱する。
3. 電子レンジから取り出し、フタをして3分おく。

鶏チップ

電子レンジで、ここまでカリッとなるなんて！

材料

鶏むね肉（皮なし）……120g

作り方

1. 鶏むね肉はできるだけ広い面積で、2～3㎜厚さのそぎ切りにする。
2. クッキングシートを7～8㎝角に切る。1の鶏肉を1切れずつのせ、肉叩きやめん棒などで叩いて薄くする。
3. 電子レンジで2切れずつ、様子を見ながらカリカリになるまで加熱する。加熱時間の目安は2～3分。一度に3切れ以上加熱すると、ムラができてうまく作れないので注意する。

鶏しゃぶのパクチー和え

パクチー好きにはたまらない、サラダ仕立てのおつまみ

材料

鶏むね肉（皮なし）……120g
片栗粉……小さじ1
パクチー……6本
トマト……小1コ
玉ねぎ……1／8コ
A
ナンプラー……小さじ2
ライム汁……大さじ1
砂糖……小さじ1
刻み唐辛子……少々
にんにくのみじん切り……小さじ1／4

作り方

1. 鶏むね肉はできるだけ薄くそぎ切りにして片栗粉をまぶし、耐熱の保存容器に広げて入れる。フタを斜めにのせて電子レンジで1分20秒加熱し、レンジから取り出してフタをして2分おく。
2. パクチーは茎は細かく、葉はざっと刻む。トマトは7～8㎜幅のくし形切り、玉ねぎは薄切りにする。
3. 大きなボウルにAの材料を混ぜ合わせ、1の鶏肉、2の野菜を入れてよく和える。

ゆずこしょう蒸し

さわやかな香りとピリッとした辛みが、鶏むね肉を引き立てる

材料

鶏むね肉（皮なし）……120g
ゆずこしょう……小さじ1／2
酒……小さじ1

作り方

1. 鶏むね肉は1・5㎝厚さのそぎ切りにする。ボウルにゆずこしょうと酒を合わせ、鶏むね肉を和える。
2. 耐熱の保存容器に1の鶏肉を入れ、フタを斜めにのせて電子レンジで1分20秒加熱する。
3. 電子レンジから取り出し、フタをして3分おく。

鶏むね肉の絶品おつまみ

フライパンだけで!

［作り方］

1. 鶏むね肉は細かく刻み、さらに包丁でたたいて、粗びきのひき肉状にする。れんこんは粗みじん切りにする。
2. 鶏肉とれんこんをよく混ぜ合わせ、6等分して団子状に丸める。
3. フライパンにサラダ油を中火で熱し、2をこんがり焼いて火を通す。Aを合わせて加え、全体にからめる。

れんこんつくね

甘辛ジューシーで、れんこんの食感も楽しい

［材料］

鶏むね肉（皮なし）……120ｇ
れんこん……20ｇ
サラダ油……小さじ1

A ［しょうゆ……小さじ2
　 砂糖……小さじ1

お好み焼き風

生地の代わりに鶏むね肉を使って糖質オフ！

材料

鶏むね肉（皮なし）……1枚（260〜270g）
薄力粉……適量
キャベツの細切り……100g
卵……1コ
サラダ油……大さじ1／2
ソース……適量
A
かつお削り節……少々
青のり……少々
紅しょうが……少々

作り方

1. 鶏むね肉は身の厚い部分に包丁を入れて開き、半分に切る。それぞれ肉叩きやめん棒などで叩いて全体を3〜4㎜の厚みにし、片面に薄力粉をふる。
2. フライパンにサラダ油を中火で熱し、1の鶏肉の1枚を粉がついていない面を下にしてフライパンに入れる。キャベツをのせ、もう1枚の鶏肉を粉のついている面を下にしてのせる。フタをして4〜5分焼き、キャベツがしんなりしたら裏返す。
3. フライパンのあいているところに卵を割り入れて卵黄をつぶし、2をのせる。こんがりしたらもう一度裏返し、Aをのせてソースをかける。

春巻きチーズ揚げ

カリッ！トロッ！ジュワッ！…多めの油でこんがり揚げ焼き

材料

- 鶏むね肉（皮なし）……80g
- スライスチーズ……4枚
- バジル……8枚
- 春巻きの皮……4枚
- 薄力粉……適量
- 水……適量
- サラダ油……大さじ4～5

作り方

1. 鶏むね肉は8枚のそぎ切りにする。スライスチーズ、春巻きの皮は半分に切る。
2. 1の春巻きの皮を縦長に置き、鶏むね肉、スライスチーズ、バジルをのせて巻いていく。薄力粉に水を加えてのり状に溶き、巻き終わりと両端にぬってとめる。
3. フライパンにサラダ油を中火で熱し、2をこんがりと色づくまで両面焼く。

鶏天

冷めてもおいしい、揚げないかき揚げ

材料

鶏むね肉（皮なし）……120g
紅しょうが……20g
焼きのり（全型）……1枚
サラダ油……大さじ4～5
塩……少々

A
天ぷら粉……25g
水……40㎖

作り方

1. 鶏むね肉は小さめのそぎ切りにする。紅しょうがは汁気をきって、みじん切りにする。焼きのりは小さくちぎる。
2. Aを合わせ、なめらかになるまでよく混ぜ、1を入れて混ぜ合わせる。
3. フライパンにサラダ油を中火で熱し、2をスプーンですくってひと口大に落とし入れ、両面をこんがりと焼く。盛りつけて塩をふる。

ミニトマト巻きチキンかつ

できたてはヤケド必至でも、アツアツをビールといきたい！

材料

鶏むね肉（皮なし）……120g
塩……少々
こしょう……少々
ミニトマト……6コ
薄力粉……適量
溶き卵……適量
パン粉……適量
サラダ油……大さじ4〜5
マスタード……適量
ケチャップ……適量

作り方

1. 鶏むね肉は細くそぎ切りにし、塩、こしょうをふる。ミニトマトは表面を竹串で刺し、全体を覆うように鶏肉を巻く。
2. 1に薄力粉、溶き卵、パン粉の順に衣をつける。
3. フライパンにサラダ油を中火で熱し、2を入れて全体をこんがりと揚げ焼きする。盛りつけて、マスタードとケチャップを添える。

チキンとトマトのチリ煮込み

豆は入ってないけどチリコンカン…な煮込みです

材料

鶏むね肉……120g
玉ねぎ……1／4コ
セロリ……1／4本
オリーブ油……大さじ1／2
塩……少々

A
チリパウダー……小さじ1
チリペッパー……少々
ローリエ……1／2枚
トマトジュース（無塩）……1／2カップ
ケチャップ……大さじ1
しょうゆ……小さじ1

作り方

1. 鶏むね肉は7〜8㎜角に切る。玉ねぎ、セロリは粗みじん切りにする。
2. フライパンにオリーブ油を中火で熱し、1の玉ねぎとセロリを炒める。しんなりしたらAを加え、よく混ぜて4〜5分煮詰める。
3. とろりとしてきたら1の鶏肉を加え、混ぜながらほとんど汁気がなくなるまで煮込む。塩で味をととのえる。

チキンのクリーム煮

お手軽、お手頃食材なのに、ちょっといい白ワインをあけたくなるかも

材料

- 鶏むね肉……120g
- マッシュルーム……6コ
- 玉ねぎ……1／4コ
- オリーブ油……大さじ1／2
- レモン汁……小さじ2
- 粗びき黒こしょう……少々
- A
  - 生クリーム……1／2カップ
  - おろしにんにく……少々
  - ローリエ……1／2枚
  - 塩……少々
  - こしょう……少々

作り方

1. 鶏むね肉は4～5㎜厚さのそぎ切りにする。マッシュルーム、玉ねぎは5㎜幅に切る。
2. フライパンにオリーブ油を中火で熱し、1のマッシュルームと玉ねぎを炒める。しんなりしたらAを加え、とろりとするまで煮詰める。
3. 1の鶏肉を加え、混ぜながら火を通す。火を止めてレモン汁を加え、粗びき黒こしょうをふる。

2017

鶏みそ

豚肉で作る沖縄の油みそを彷彿とさせるおつまみです

材料

鶏むね肉……120g
しょうがのみじん切り……大さじ2
A
みそ……大さじ3
砂糖……大さじ3
みりん……大さじ1
酒……大さじ2

作り方

1. 鶏むね肉は1㎝角に切る。
2. フライパンにAを合わせ、なめらかになるまで混ぜる。
3. 2を中火にかけて混ぜながら煮立て、1の鶏肉、しょうがのみじん切りを加え、ほとんど汁気がなくなるまで煮詰める。

辛子酢ソテー

やわらかい酸味と、辛子のツンとした香りで、予想以上のおいしさ

材料

鶏むね肉（皮なし）……120g
薄力粉……適量
サラダ油……大さじ1／2

A
塩……少々
こしょう……少々
おろしにんにく……少々

B
練り辛子……小さじ1
砂糖……小さじ1
酢……大さじ1
しょうゆ……小さじ1

作り方

1. 鶏むね肉は7㎜厚さに切る。Aで下味をつけ、薄力粉をはたきつける。
2. ボウルにBの材料を混ぜ合わせる。
3. フライパンにサラダ油を中火で熱し、1の鶏肉を両面焼いて火を通す。2を加え、全体にからめる。

青椒鶏肉絲

豚肉や牛肉で作るチンジャオロースーは、鶏肉でもいける！

材料

鶏むね肉（皮なし）……120g
塩……少々
こしょう……少々
片栗粉……小さじ1
ピーマン……3コ
サラダ油……大さじ1／2

A
オイスターソース……小さじ1
しょうゆ……小さじ1／2
こしょう……少々

作り方

1. 鶏むね肉は細切りにし、塩こしょうして片栗粉をからめる。
2. ピーマンは細切りにする。
3. フライパンにサラダ油を中火で熱し、1の鶏肉を炒める。火が通ったら2のピーマンを加え、さっと炒めてAを順に加え炒め合わせる。

鶏ジョン

ジョンは、いろんな食材に卵にからめて焼く韓国料理です

材料

鶏むね肉（皮なし）……120g
焼きのり（全型）……1枚
薄力粉……適量
卵……1コ
ごま油……大さじ1

A
長ねぎのみじん切り……10㎝分
刻み唐辛子……少々
塩……少々

作り方

1. 卵は溶きほぐし、Aを混ぜ合わせる。
2. 鶏むね肉は5～6㎜厚さ、8枚に切る。焼きのりは8等分に切る。鶏肉と焼きのりを重ね、両面に薄力粉をつける。
3. フライパンにごま油を中火で熱し、2の鶏肉に1の卵液をからめて並べ入れ、残った卵液を全体にかける。1切れずつ裏返して、両面こんがりと焼く。

タイ風バジル炒め

パリッと焼けたバジルが、何ともおいしいアクセント

材料

鶏むね肉……120g
バジル……2枝
赤唐辛子（ちぎる）……1本
砂糖……小さじ1／2
ナンプラー……小さじ1
サラダ油……大さじ1／2

作り方

1. 鶏むね肉は1・5㎝角に切る。バジルは葉をつむ。
2. フライパンにサラダ油を弱火で熱し、バジル、赤唐辛子を炒め、パリッとしたら取り出す。
3. 2のフライパンに1の鶏肉を入れて中火で炒め、火が通ったら砂糖、ナンプラーを加え、2を戻し入れて炒め合わせる。

タイ風唐揚げ

多めの油で揚げ焼きしてから、たれをかけます

材料

鶏むね肉（皮なし）……120g
片栗粉……適量
サラダ油……大さじ4～5
A
ナンプラー……大さじ1／2
レモン汁……小さじ2
砂糖……小さじ1／2

作り方

1. 鶏むね肉は1㎝厚さのそぎ切りにし、片栗粉をまぶしつける。
2. ボウルにAの材料を混ぜ合わせる。
3. フライパンにサラダ油を中火で熱し、1の鶏肉を両面カラッと焼きつけ、熱いうちに2をかける。

PALILLOS

チキンのペッパーステーキ

ピリッとさわやかな辛みに、お酒がすすんでうれしい悲鳴

材料

鶏むね肉……120g
塩……少々
グリーンペッパー（粒）……大さじ1
ピンクペッパー（粒）……小さじ1
オリーブ油……大さじ1／2
レモン……適量

作り方

1. 鶏むね肉は1㎝厚さに切って塩をふる。
2. 1の鶏肉に、粗くつぶしたグリーンペッパーとピンクペッパーをまぶしつける。
3. フライパンにオリーブ油を中火で熱し、2を両面こんがり焼いて火を通す。盛りつけてレモンを添える。

サルティンボッカ風

肉に生ハムとセージを重ねて焼くイタリア料理をアレンジ

材料

鶏むね肉（皮なし）……120g
生ハム……2枚（20g）
オリーブ油……大さじ1／2
白ワイン……大さじ2

作り方

1. 鶏むね肉は4枚のそぎ切りにする。生ハムは2枚重ねて4等分に切る。
2. 鶏肉と生ハム2枚を重ね、叩いて薄くのばしてなじませる。
3. フライパンにオリーブ油を中火で熱し、2を両面焼いて火を通し、白ワインを加えて全体にからめる。盛りつけて、フライパンに残った焼き汁をかける。

鶏むね肉の絶品おつまみ

トースターだけで！

塩山椒の焼き鳥

山椒の風味が、日本酒好きにはたまりません

［材料］

鶏むね肉（皮なし）……120g　　粉山椒……少々
塩……少々　　長ねぎ……12㎝

［作り方］

1. 鶏むね肉は1.5～2㎝角に切って串に刺し、塩、粉山椒をふる。
2. 長ねぎは2㎝長さに切り、串に刺す。
3. 1の鶏むね肉と2の長ねぎをオーブントースターで8～10分焼いて火を通す。

チキンサテー

東南アジアの串焼きは、キリッと冷やしたお酒とともに

材料

鶏むね肉（皮なし）……120g

A
- ナンプラー……小さじ1
- ピーナッツバター……小さじ1と1／2
- カレー粉……少々
- 砂糖……小さじ1
- 酒……小さじ1／2

作り方

1. 鶏むね肉は薄くそぎ切りにし、Aをもみ込む。
2. 1の鶏むね肉を竹串で縫うように刺す。
3. 2をオーブントースターで7〜8分焼いて火を通す。

しらすとねぎのチーズ焼き

まるで〝漁師風ピザ〟のような、技アリおつまみ

材料

鶏むね肉（皮なし）……120g
白ワイン……小さじ1
ピザ用チーズ……40g
しらす干し……10g
万能ねぎ……3本

作り方

1. 鶏むね肉は5〜6㎜厚さのひと口大に切り、白ワインをからめる。
2. 万能ねぎは1㎝長さに切る。
3. 1の鶏むね肉にピザ用チーズ、しらす干し、2の万能ねぎをのせ、オーブントースターで7〜8分焼く。

鶏むね肉の絶品おつまみ

小鍋だけで！

［作り方］

1. 鶏むね肉は４～５㎜厚さのそぎ切りにする。しいたけは軸を取り除く。長ねぎは７～８㎜厚さの斜め切りにする。
2. 小鍋にＡの材料を合わせ、中火にかける。
3. 煮立ったらしいたけ、長ねぎを入れて２～３分煮る。半煮え程度になったら鶏肉を入れて火を通す。

鶏すき

みんな大好きな甘辛味。
お酒がすすんで止まらない！

［材料］

鶏むね肉（皮なし）……120g
しいたけ……２コ
長ねぎ……１本

A
だし汁……1/4カップ
しょうゆ……大さじ１
砂糖……大さじ1/2
みりん……大さじ１
酒……大さじ１

鶏しゃぶ梅風味

日本酒をゆっくり呑みたい夜は、このひと品で

材料

鶏むね肉（皮なし）……120g
万能ねぎ……1／4束
梅干し……大1コ
塩……少々
こしょう……少々

A
チキンブイヨン（固形）……1コ
湯……1と1／4カップ
酒……1／4カップ

作り方

1. 鶏むね肉はできるだけ薄くそぎ切りにし、皿に盛る。万能ねぎは10㎝長さに切る。
2. 小鍋にAを合わせ、梅干しを入れて中火にかけ、煮立ったら塩、こしょうで味をととのえる。
3. 2に鶏肉と万能ねぎを入れ、火を通しながら食べる。スープの中の梅干しも、くずしながら一緒に食べる。

アヒージョ

にんにく風味のオリーブ油で煮込む、スペインのおつまみ

材料

鶏むね肉（皮なし）……120g
オリーブ……6コ
にんにく（つぶす）……1／2かけ
赤唐辛子（ちぎる）……1本
オリーブ油……大さじ5～6

作り方

1. 鶏むね肉は細長くそぎ切りにする。
2. 1の鶏肉をオリーブに巻きつけ、ピックでとめる。
3. 小鍋にオリーブ油を入れて中火にかけ、2、にんにく、赤唐辛子を入れる。オリーブ油が温まってきたら鶏肉の向きを変えて、全体に火を通す。

おろし煮

体も心もあったまる、優しい味わいの小鍋仕立て

材料

鶏むね肉（皮なし）……120g
大根……200g

A
だし汁……3／4カップ
塩……小さじ1／4
しょうゆ……小さじ1／4
みりん……大さじ1／2

作り方

1. 鶏むね肉は5～6㎜厚さ、ひと口大のそぎ切りにする。
2. 大根はすりおろし、ザルに入れて汁気をきる。
3. 小鍋にAを合わせて中火にかけ、煮立ったら1の鶏肉を加える。表面の色が変わったら2の大根おろしを加え、ひと煮立ちさせる。

鶏がゆ卵のせ

これを肴に呑むもよし、〆のごはんにするもよし

材料

鶏むね肉（皮なし）……120g
玉ねぎ……小1／4コ
ごはん……100g
こしょう……少々
味つけ卵（市販）……1コ
さらしねぎ……適量
青のり……少々

A
チキンブイヨン（固形）……1コ
湯……1と1／2カップ

作り方

1. 鶏むね肉は細かく刻む。玉ねぎは粗みじん切りにする。
2. 小鍋にAを合わせて中火にかけ、煮立ったらこしょうをふる。1の玉ねぎ、ごはんを加え、再び煮立ったら弱火にして7～8分煮る。
3. ごはんがやわらかくなったら中火に戻し、1の鶏肉を加えて火を通す。くずした味つけ卵、さらしねぎをのせ、青のりをふる。

人生を自由自在に活動《プレイ》する

青春新書
PLAYBOOKS

人生の活動源として

いま要求される新しい気運は、最も現実的な生々しい時代に吐息する大衆の活力と活動源である。

文明はすべてを合理化し、自主的精神はますます衰退に瀕し、自由は奪われようとしている今日、プレイブックスに課せられた役割と必要は広く新鮮な願いとなろう。

いわゆる知識人にもとめる書物は数多く窺うまでもない。

本刊行は、在来の観念類型を打破し、謂わば現代生活の機能に即する潤滑油として、逞しい生命を吹込もうとするものである。

われわれの現状は、埃りと騒音に紛れ、雑踏に苛まれ、あくせく追われる仕事に、日々の不安は健全な精神生活を妨げる圧迫感となり、まさに現実はストレス症状を呈している。

プレイブックスは、それらすべてのうっ積を吹きとばし、自由闊達な活動力を培養し、勇気と自信を生みだす最も楽しいシリーズたらんことを、われわれは鋭意貫かんとするものである。

―創始者のことば― 小澤和一

[著者紹介]

検見﨑聡美〈けんみざき　さとみ〉

料理研究家、管理栄養士。赤堀栄養専門学校卒業後、料理研究家のアシスタントを務める。独立後はテレビや雑誌、書籍を中心に活躍。初心者でも手軽に確実に作れる料理と、そのセンスのよさには定評がある。
『保存容器でつくる「おハコ」レシピ』シリーズをはじめ、『3行レシピでつくる居酒屋おつまみ』シリーズ、『「合わせ調味料」の味つけ便利帳』『塩分0gの満足おかず』『週一回の作りおき「漬けおき」レシピ』(小社刊)、『おいしさのコツが一目でわかる 基本の料理』(成美堂出版) など著書多数。

[staff]
〈撮影〉南雲保夫　〈スタイリング〉黒木優子
〈料理アシスタント〉大木詩子　〈本文デザイン〉青木佐和子
[撮影協力]　UTUWA

「サラダチキン」「鶏《とり》むね肉《にく》」の
絶品《ぜっぴん》おつまみ

青春新書 PLAYBOOKS

2018年 9月 1日　第1刷

著者　検《けん》見《み》﨑《ざき》聡《さと》美《み》

発行者　小澤源太郎

責任編集　株式会社プライム涌光
電話　編集部　03(3203)2850

発行所　東京都新宿区若松町12番1号 〒162-0056　株式会社青春出版社
電話　営業部　03(3207)1916　振替番号　00190-7-98602

印刷・大日本印刷　製本・フォーネット社

ISBN978-4-413-21120-8